座談会

関西の未来をひらくのは公明党

参議院議員 熊野せいし

参議院議員 伊藤たかえ

政治評論家 森田 実

参議院議員 石川ひろたか

豊かな食文化と人情に厚い人々

伊藤たかえ　森田先生、今日は本当にありがとうございます。

森田 実　尊敬する皆さんとお話しできるのを楽しみにしてきました。

石川ひろたか　早速ですが、先生は関西と言えば何が思い浮かびますか。

森田　私は生まれが静岡県の伊東市なんです。伊豆半島は箱根を境にして東側は関東の味付け、西側は関西の味付けになっていることが多く、お袋のつくるものはみんな関西の味でした。旧制中学のときに小田原に出て初めて関東の味を知ったんですが、繊細な関西の味で育ったので、最初はとても食べられたものじゃなかった。

熊野せいし　関西はとにかく食べ物が美味《おい》しいですね。それに安い。

森田　私はもともと雑誌の編集者で、著者をもてなすのに半端なお店じゃ満足してくれないんです。でも、東京で本当に美味しいものを食べると高い。フグなんてとんでもない金額ですよ。それが関西だと東京より美味しいものが庶民的な値段で食べられる。だから、大阪での仕事を無理やりにつくって、出張に行ったものです。黒門市場《くろもんいちば》にはよく通いましたね。

石川　京都や奈良など、かつての関西には都があったから食文化が花開いたんでしょうね。

伊藤　値段は、東京が高すぎるのかもしれませんね。

石川　大阪は古くから商人の街なので、できる限り安くていいものを提供したいというお店側の工夫や努力があるんだと思います。あと、関西といえば、商売人だけでなく庶民も本当に人情に厚い。私は豊中《とよなか》市の庄内《しょうない》という下町で生まれ育ったので、向こう三軒両隣は家族のように接してくれました。玄関の鍵はいつも開いていて、両親が不在のときに雨が降ると、隣のおばちゃんがズカズカと家に入ってきて「洗濯もん取り込んどくわな～」と（笑）。

伊藤　何か吉本新喜劇みたいで

すね（笑）。でも、新喜劇の世界観って日常にあるんですよ。私も小学生の頃は、土曜日はいつも昼に学校から帰ってきて、テレビで新喜劇を見ていました。友達の間では、新喜劇のお決まりのギャグをどれだけ実演できるかがめちゃくちゃ大事でしたから。私は新喜劇に育ててもらったと思っています。

石川　ボケとツッコミの掛け合いなんて、まさにコミュニケーション能力そのものですよね。

森田　関西の各府県はそれぞれに独立心があって、自分たちの文化を主張しているところが力強いと思います。大阪のタクシー運転手に京都や神戸のことを聞くと対抗心を剝《む》き出しにしてくるし、京都や神戸のタクシーで大阪の話題を出すと「一緒にせんといてください」と（笑）。

　あるときに関西の政治家の集まりで、私が「大阪・京都・兵庫が協力すれば、関西はもっと発展するはずだ」と言うと、皆さん半分冗談でしょうけど「それだけは絶対に無理です」と。

石川　お互いに切磋琢磨《せっさたくま》してるということで（笑）。

万博を契機に“2中心”を取り戻す

伊藤　兵庫は、明治以降に海外から神戸港に入ってきた多くの

Profile

もりた・みのる

1932年、静岡県伊東市生まれ。東京大学工学部卒。日本評論社出版部長、「経済セミナー」編集長などを経て、73年に政治評論家として独立。テレビ・ラジオ・著述・講演活動など多方面で活躍。中国・山東大学名誉教授、東日本国際大学名誉教授。著書に『進歩的文化人の研究』『森田実の言わねばならぬ 名言123選』『森田実の一期一縁』『二階俊博幹事長論』『志帥会の挑戦』など多数。フェイスブック（アカウントはmoritasouken）でコラム「森田実 世界研究室通信」を連載中。

座談会の様子はこちらから

森田 実

ものを受容し、日本に根づかせました。だから、兵庫発祥のものって多いんです。

石川　大阪では、かつて貿易都市として栄えた堺市《さかい》に「ものの始まりなんでも堺」というキャッチフレーズがあります。

伊藤　「なんでも」とは、大きく出ましたね（笑）。

石川　実際に鉄砲やたばこ、線香、自転車など、堺が発祥とされているものって多いんですよ。

熊野　関西というとどうしても大阪・京都・兵庫の話題が多くなるんですが、他の県にもたくさんの魅力があるんです。奈良は京都より古い歴史と多くの文化財があります。それに奈良市内には鹿がいる（笑）。

伊藤　奈良地方裁判所の敷地内にも鹿がいるんです。

熊野　和歌山は、紀伊半島の沿岸部に行くと目の前に太平洋が広がってとても明るい気分になります。滋賀は琵琶湖のある景色がとてもきれいで、一度は住んでみたいと思います。

石川　最近は大阪から滋賀に移住する人や本社を移転する企業が多いですね。通勤圏内ですし。

熊野　福井は日本海の海の幸がめちゃくちゃ美味しくて、恐竜の化石もあります。

伊藤　ちなみに、恐竜の化石は兵庫の丹波《たんば》市にもありますよ。

石川　各府県それぞれの魅力を生かすためにも、私はこれまで観光ビザの発給要件の緩和を推進してきました。インバウンド（訪日客）による関西経済の好循環を生み出せたと思っています。

残念ながらコロナ禍《か》によって海外からの観光客を迎えられない状況が続いていますが、1日も早くコロナを収束させて、再び多くの方々をお迎えしたい。その1つの旗頭《はたがしら》が、2025年の大阪・関西万博だと思っています。

熊野　大阪・関西万博の重要なテーマの1つがヘルスケアです。大阪大学や京都大学、神戸大学は、これまで先進医療に非常に熱心に取り組んできました。なかでも注目を集めているのが、京大の山中伸弥《しんや》教授のiPS細胞作製技術による再生医療です。

石川　今度、大阪の中之島に再生医療の研究拠点「未来医療国際拠点」ができますよね。

熊野　そうなんです。私も万博を目指して再生医療をしっかりと後押ししていくつもりです。

伊藤　コロナ前の兵庫には大きな課題がありました。姫路城や洲本《すもと》・有馬《ありま》・城崎《きのさき》といった温泉など、観光資源はたくさんあるんですが、大阪に来られた海外の方の大半が京都や奈良に流れて、なかなか西側に足を伸ばしてくれない。「ひょうご五国」と呼ばれるだけあって各地に固有の魅力があるものの、神戸以外の知名度はまだまだ低いです。万博に向けて、発信力の強化に取り組んでいきます。

森田　かねて関東と関西に2つの中心を置く楕円型社会がよいとする議論があります。自民党では、私も親しかった大平正芳《おおひらまさよし》元首相がよく〝2中心〟だと言っていました。もしも東京だけが中心になると、日本社会はものすごく不安定になる。私もその意見に賛成です。ところが、明治政府から続く東京一極集中の考え方も根強い。西日本の人々はある時期まで関西で就職していたのが、今やその多くが関東に出るようになった。その結果、一極集中の弊害《へいがい》がいたるところに出てきています。再び2中心に戻さないといけません。

石川　東京オリンピック・パラリンピックも終わり、大阪・関西万博が注目されていますからね。

森田　2025年には紀伊半島高速道路が開通します。これで、名古屋から紀伊半島をぐるりと回って大阪に出られるようになる。今度の万博は日本社会の大きな転換点になりますよ。

熊野　かつて北陸の人々は関西圏で就職する人が多かったんですが、北陸新幹線が開通したあとは、東京に出る人が増えたん

です。でも、今度はその北陸新幹線が新大阪駅に入ってきます。

石川　それに新大阪にはリニア新幹線も来る。関西には神戸空港や伊丹《いたみ》空港、24時間の発着が可能な関西国際空港といった空の玄関口もあります。こうした交通の便を生かして、2中心を取り戻したいですね。

「大衆とともに」から60年の節目

森田　大阪・京都・兵庫が協力しないと言ったのはあくまで偉い人たちの話で、草の根では関西は1つですよ。

伊藤　われわれも普段から〝関西は1つ〟を合言葉にしています。

森田　私が知る限り、関西の人には優秀な人が多い。織田信長は、石山《いしやま》合戦に象徴されるように大阪の人に政治をさせたくなかった。なぜなら、優秀な大阪人に政治をさせたら、彼らに日本を支配されてしまうからです。ただね、私の経験では関西の政治家は権力を欲しがらない傾向がある。孟子《もうし》の「民を貴しと為《な》し、社稷《しゃしょく》之れに次ぐ、君を軽しと為す」（人民があってはじめて国家があり、君主がある）という考え方の人が多いんです。つまり、関西は民衆第一主義の政治を実践している。その先頭にいるのが「大衆とともに」を謳《うた》う公明党です。

石川　今年は「大衆とともに」との立党精神が掲げられてから60年という節目です。また、その6年前の1956年の参議院通常選挙で、朝日新聞が「〝まさか〟が実現」と報じたのは、大阪地方区から一人、全国区から二人、われわれの先輩が、当時は無所属として初当選したからです。

森田　よく覚えています。大阪で当選した白木義一郎さんは、プロ野球の大投手でね。47年に後楽園球場で、彼の投球を見たことがあります。その人が参院選に当選したもんですから、驚きました。歴史的にも大阪は、公明党の原点の地ですよ。

石川　その通りなんです。私自身も、公明党原点の地から選出されている参議院議員として、庶民のための政治という伝統を受け継ぎ、発展させていかなければならないと決意しています。

森田　外交官出身の国会議員は決して多くありませんから、石川さんの存在は貴重です。今後もグローバルな視点から日本の政治をリードしてください。

石川　全力を尽くします。

伊藤　「〝まさか〟が実現」の翌年には、公明系勢力の台頭を恐れた当時の検察が、支援組織を不当に弾圧した、いわゆる「大阪事件」が起きています。私はその歴史に触れ、権力による人権侵害を許さないために弁護士を目指しました。また、国会議員としても同じ思いで活動してきました。

　公明党の強みである国会議員と地方議員のネットワークは、党員や支持者の方々の強固な基盤によって支えられています。その意味でも「大衆とともに」という立党精神の重要性をひしひしと感じます。

森田　法的な整備がなければ社会は発展しない。ゆえに、法曹である伊藤さんの役割はとても大きいんです。伊藤さんには特に女性の権利の面で、先頭を走ってもらいたい。

伊藤　兵庫でも政権与党としての役割を果たせるように頑張ります。

熊野　この6年弱で医療に関することを含め、たくさんの市民相談を受けてきました。そのたびに「大衆とともに」の大切さを実感します。どれだけ寄り添えているのか。声を聴いたうえでともに語り合えているのか。今後も常にそのことを自問自答しながら働いていくつもりです。

森田　5年ほど前に、私は熊野さんのおかげで命拾いをしました。あるときに冠動脈が詰まって意識がなくなり、一時はかなり危なくて集中治療室で過ごしたんです。原因がわからなかったので、1カ月間は輸血で命をつなぎました。

　そんなときに、熊野さんから連絡をいただいた。私の病状をつぶさに聞いてくださった熊野さんは、カテーテル治療を勧めてくれました。主治医はバイパス手術をするつもりだったようですが、熊野さんのアドバイスどおりにカテーテル治療に切り替えました。すると2時間半ほどで冠動脈が通じて、見ての通り息を吹き返しました。熊野さんは私の命の恩人です。今後も私にしてくださったように、一人一人の声に耳を傾けて国民の命と健康のために働いてください。

熊野　ありがとうございます。全力で頑張ります。

公明党は善を追求する政党

森田　これだけ誠実で志のある外交・法曹・医療の専門家を集められる公明党は、本当にすごい政党です。今、コロナ禍によって世界は、第2次世界大戦以来の大きな変革期に直面している。ますます政治の役割が大きくなっています。

石川　今後は、今以上にさまざまな局面で柔軟な対応が求められるはずです。安定した政治基盤がなければ、柔軟な対応はできません。その意味でも、今夏の参院選は重要です。

森田　思い出すのは１９５６年の出来事です。東京で御茶ノ水駅に向かうために電車に乗ると、礼儀正しく上品な女性３人組に話しかけられました。「今度の参院選に立っております柏原ヤスについて、ぜひとも話を聞いてくださいませんか」と。それで御茶ノ水までの20分弱、いかに柏原さんが素晴らしい方なのかを熱心に話してくれました。私はかねて公明党を支える創価学会の女性部の皆さんのファンですが、それはそのときの３人の女性の印象が原体験になっているんです。

熊野　今も公明党の国会議員は、大阪府本部をはじめとした関西所属の人が最も多いんです。だからこそ、関西がどっしりと踏ん張って、頑張らないといけないと思っています。

森田　ある時期までは、ほとんどの政党が「福祉は政治の仕事ではない」と考えていました。それが、公明党の登場によって福祉が公的なものになった。前身も含めると60年余の公明党の歴史が、今の日本社会の福祉をつくってきたわけです。公明党こそが日本の福祉の最大の功労者です。その福祉をいよいよ完成させるのが、公明党に課せられた次の課題であり、責任です。

　公明党ほど善なるものを追求する政党は他にありません。他党は、第一に権力が欲しいんです。共産党も、本音では何よりも権力が欲しい。他方、公明党が求めているのは権力などではなく、善なる世界であり、善なる社会です。そんな公明党が連立与党の一員だからこそ、日本の政治は安定しているんです。私は命ある限り、公明党の応援団として末席を汚《けが》させてもらうつもりです。

熊野　末席だなんてとんでもないことです。

伊藤　日本の未来のために、公明党議員が力を合わせて、全力で走り抜きます。

石川　森田先生、今日は本当にありがとうございました。

声をチカラに、
未来《あす》をカタチに。

01
伊藤たかえ

TAKAE ITO

伊藤たかえ

Profile

いとう・たかえ（孝江）

参議院議員（1期）。公明党女性委員会副委員長、同国土交通部会副部会長、同兵庫県本部副代表、同県新型コロナウイルスワクチン接種対策本部長。弁護士、税理士。関西大学法学部卒。兵庫県尼崎市出身、宝塚市在住。54歳。

主な実績

〈新型コロナ対策〉

■ワクチンの集団接種会場に看護師の派遣を実現

〈その他〉

■障害年金の更新手続きを改善

■国会質問を通して国のヤングケアラー支援を後押し

■不妊治療の保険適用を強力にリード

子どもたちの未来をつくる！

庶民の町
尼崎《あまがさき》生まれ

夕飯時はサンテレビで野球中継――。阪神ファンの父親の日課が、いつのまにか幼少期の伊藤の心を虎色に染めていった。

「子どものとき、阪神の開幕戦の日には、毎年必ず食卓に赤飯と尾頭《おかしら》付きの鯛まで出てくるんです」（伊藤）

小学生の頃には〝３番サード・掛布《かけふ》〟に憧れ、放課後は男の子たちに交じって空き地で野球を楽しんだ。もちろんポジションはサード。今、伊藤の議員会館の事務所には、掛布雅之のサインボールが飾られている。

尼崎生まれ。関西大学法学部卒。弁護士になることを決めたのは、大学に入ってからだった。

「庶民の町の出身だからでしょうか。もともと弱い立場の人や困っている人を見かけると、放っておけない性格だったんです。弁護士になって、そんな人たちを守りたい。そう思って司法試験に挑戦することにしました」

ところが、当時の司法試験の合格率はわずか３％程度。勉強漬けの日々を送るものの、大学卒業の年から４年連続で不合格を経験する。さすがに心が折れそうになったが、周囲の人たちからの励ましもあり、もう一度だけ受験することにした。

しかし、５度目の試験を４カ月後に控えた１９９５年１月、阪神・淡路《あわじ》大震災が発生する。

「当時の私は宝塚市に住んでいました。２月の全国模擬試験に向けて前日から徹夜で勉強していたんです。ただ、明け方に勉強机にしていたコタツで眠ってしまっていて……。不意の突き上げるような強い揺れで目覚めると、慌《あわ》ててコタツのなかに潜《もぐ》り込みました」

自宅マンションは半壊。ライフラインも寸断されたため、両親は大阪の親戚の家に、伊藤は勉強に専念するために一人で愛媛の叔父の家にそれぞれ避難した。とは言え、「地元の人たちが大変ななかで、私だけが試験の準備なんかしていていいのだろうか……」との思いから勉強はなかなか手につかなかった。

宝塚の自宅に戻れたのは試験１カ月前の４月。司法浪人生の伊藤をずっと励まし続けてくれた地元の人が、さっそく訪ねてきてくれた。

「たかえちゃん、こんなときやからこそ頑張るんやで。たかえちゃんの合格が、この地域の希望になるんやから」――。自身も被災していたにもかかわらず励ましてくれたその人の言葉が、伊藤の心に火を灯《とも》した。奮起した伊藤は残りの１カ月で最後のスパートをかける。そうして、念願の合格を勝ち取ることができたのだ。

「自分が大変な状況にあっても、徹底して目の前の一人に寄り添う。そんな地元の人たちの真心が、その後の弁護士活動の原動力になりました」

目を見て話をしてくれる大人

薬物に手を染めてしまった若者。夫からのＤＶに苦しむ女性。倒産寸前の経営者。路上生活に追いやられてしまったホームレスの人……。相手が誰であれ、弁護士として目の前の一人に寄り添う姿勢を貫いてきた。

そんな伊藤にとって、今も忘れられない出来事がある。とある少年事件に携《たずさ》わったときのこと。暴行や窃盗《せっとう》などの罪を犯した未成年に面会するために警察署に行くと、面会室にはまだあどけない表情の少年が入ってきた。ところが、罪の意識は薄いようで、彼は席につくなりそっぽを向いてしまった。

その日から伊藤は毎日のように少年のもとに通っては、彼に言葉をかけ続けた。「将来の夢は？」「現実から逃げなければ、必ず未来はひらけるんやで」――。

ヤングケアラー支援の取り組みについて、神戸市の担当者と意見を交わす伊藤氏（写真中央）

どれだけそっぽを向かれようとも、伊藤は常に彼の目をじっと見て話した。

すると、初めこそ口を固く閉ざしていた少年も、伊藤の姿勢に感化され、しだいにポツポツと話し始める。そしてあるとき、自ら「被害者に謝りたい」と言い出したのだ。さらには「二度と同じことは繰り返さない。しっかりと罪をつぐなって、前に進みたい」とも。かつての伊藤の質問には、「将来は、みんなに喜ばれる飲食店を開きたい」と答えてくれた。

当初は少年院送致になる可能性もあったが、審判の日に伊藤が彼の成長ぶりを報告したところ、結果は保護観察処分となった。伊藤と話し始めた頃の彼の日記には、こんなことが書かれていた。

「初めて自分の目を見て話をしてくれる大人に出会った」

伊藤のどこまでも一人に寄り添う姿勢が、更生の一歩を踏み出す少年の背中を押したのだ。

「罪を犯す子どもたちのなかには、大人に真剣にかかわってもらった経験がない子が少なくありません。理由なくグレている子なんていないんです。どんな子もひとたび意欲が湧いてくれば、その成長のスピードは凄まじいんです。彼ら彼女らの手紙や日記を見ていると、1カ月もあれば文章の表現力が格段に上達することも珍しくありません」

驕《おご》ることなく いつもひたむきに

弁護士生活は17年。元来の思いの強さに加えて、法曹としての経験を積み重ねてきた伊藤が、政治の世界で活躍できないわけがない。

2021年1月、伊藤は兵庫県で公明党の女性議員を対象にしたある勉強会に参加した。講師は大阪歯科大学の濱島淑恵《はましまよしえ》准教授（現・教授）。内容は、家族の介護や幼い兄弟姉妹の世話に追われる子どもを指す「ヤングケアラー」についてだった。

「以前からヤングケアラーについては知っていたのですが、濱島先生のお話を聞いて、これは何とかしなければならないと思ったんです」

子どもが親の介護をしたり、幼い兄弟姉妹の世話をしたりすること自体がいけないわけではない。それによって、その子自身の就学や就職の機会が奪われてしまうことを防がなければならない。伊藤はすぐに手を打つ。

　同年3月の参議院予算委員会でヤングケアラーの支援強化を訴え、菅義偉《すがよしひで》首相（当時）から「省庁横断のチームで、当事者に寄り添った支援にしっかりと取り組む」との答弁を引き出したのだ。

「国も以前からヤングケアラー支援を行っていたものの、扱う事柄が〝子どもによる介護〟であるために、厚生労働省と文部科学省のどちらが主導するのかが判然とせず、なかなか前に進まない状況がありました。その点、菅首相の〝省庁横断のチームで〟という答弁はとても大きな意義があったと思います」

　予算委員会での伊藤の質疑の直後、厚労省と文科省が連携して「ヤングケアラーの支援に向けた福祉・介護・医療・教育の連携プロジェクトチーム」を発足。公明党としても「骨太の方針」に関する政府への提言で対策強化を求めた。こうした取り組みが実を結び、22年度からはヤングケアラーの実態調査や関係機関職員の研修、広報啓発などの事業が拡充されることになった。

　他にも新型コロナ対策については、ワクチンの集団接種会場での人員不足を国会で取り上げ、普段は労働者派遣法で禁止されている看護師の派遣を特例措置として実現した。また、災害対策の面では、大規模山林火災の備えを進めるため、海上自衛隊が救難飛行艇として導入している新明和工業（兵庫県宝塚市）の「US―2」に改造を施《ほどこ》し、消防飛行艇として活用できないかと国会で提案。これについては現在、消防庁が消火効率の検証を行っている。

「看護師派遣に関しては、公明党の強みである国会議員と地方議員のネットワークが生きました。21年の2月に兵庫県播磨町《はりまちょう》の町議から連絡を受け、同町の職員に実情をうかがったときに問題を把握したんです。

　あとで聞いた話では、その職員は〝公明党ならば、迅速《じんそく》に国につないでくれる〟とのことで、我が党の町議に相談したというのです。つまり、これは地元で信頼を勝ち得ている町議の存在があってこそ実現した話なんです。公明党の地方議員には、本当に頭が下がる思いです」

　決して驕ることなく、いつもひたむきに一人に寄り添い続ける。ひとたび伊藤に接した人には、そんな彼女の信念がひしひしと伝わる。

伊藤氏が局長を務める公明党兵庫県本部女性局が開催した「ウイメンズトーク」で挨拶（同県西宮市にて）

対談 01

どこまでも一人に寄り添う人に優しい政治を

夜回り先生／水谷青少年問題研究所所長

水谷 修 Osamu Mizutani

Profile

1956年、神奈川県横浜市生まれ。上智大学文学部哲学科を卒業後、83年に横浜市立高校教諭となる。2004年に水谷青少年問題研究所を設立し、教諭を退職。在職中から子どもたちの非行防止や薬物汚染防止のために〝夜回り〟と呼ばれる深夜パトロールを継続しているほか、Webページからの相談を受けている。また、全国各地で講演活動も行っている。

国民がいて国家がある

水谷 修　伊藤さん、私ももうすぐ66歳ですよ。若い世代に活躍してもらうために、古い人間はそろそろ去らないといけない。

伊藤たかえ　とんでもない！　まだまだ活躍していただかないと。水谷先生に初めてお会いしたのは、6年前の参議院議員選挙のときでした。尼崎で私のために応援演説をしてくださったんですよね。先生の長年の活動についてお話をうかがい、本当に感銘を受けました。

水谷　国会でのこの6年間はどうでしたか。

伊藤　さまざまな政策に取り組んできましたが、何より大切にしてきたのは〝どこまでも一人に寄り添う〟という思いでした。弁護士時代に実感したのは、法律や制度は多数者の視点でつくられたものが多く、少数者が置き去りにされていることでした。仮に少数者のための法律や制度ができても、なかなかうまく運用されていない。そんな状況を何とかしたいと思って、政治の世界に挑戦したんです。

水谷　まさにそれが〝THE公明党〟ですよ。他の政党は国家があって国民がいると考えていますが、公明党は国民がいて国家があると考えているんです。伊藤さんの一人に寄り添う行動は、公明党のその考え方を具現化したものです。

伊藤　ありがとうございます。弁護士時代のホームレス支援の経験が大きかったと思います。公園や河川敷《かせんしき》で暮らすホームレスの方々の話を聞くと、真面目な人が多いと感じました。例えば、家賃の支払いは1日でも遅れることが許されないと考え、家賃の準備ができないために、家を出て路上生活を始めた人がいました。

水谷　僕はかつて横浜市の寿町《ことぶきちょう》で日雇い労働者の支援にかなり力を入れました。そのときにわかったのは、彼らには行政の支援がまったく届いていないことです。最近では、寿町の簡易宿泊所が高齢者の終《つい》の棲家《すみか》となっている。高齢者が幸せに生きられる居場所づくりのために仲間たちと動き始めたところです。

伊藤　人々の生活保護に対する意識の変革が必要だと思います。受給することに抵抗感を抱《いだ》いたり、誤った認識によって受給者をバッシングしたりといった風潮がまだまだ根強い。これは早《さっ》急《きゅう》に何とかしないといけません。

水谷　生活保護は、階段の一段にすぎない。病《やまい》が治ったり、仕事が得られたりしたら、受給をやめて次のステップに行けばいいんです。就労という面では、障害者の就労継続支援A型・B型事業所や、ひきこもりの人たちのためのジョブカフェの設置など、公明党は本当によくやってくれています。

対談の様子は
こちらから

親の子である前に われわれ大人全員の子

伊藤　コロナ禍《か》のなかでは、ひきこもりの方やもともと弱い立場にいた女性が、以前にもまして社会との接点を持ちづらくなっています。公明党女性委員会は困りごとを抱《かか》えた女性の支援に力を入れてきました。コロナ禍のなかで生きたのは、国会議員と地方議員、さらには党員・支持者も含めた公明党のネットワークです。

水谷　公明党が与党になり、この20年あまりで日本の福祉政策は大きく変わりました。近年では、高校授業料の無償化が特に大きかった。

伊藤　1964年に行われた公明党の結党大会では、壇上に「大衆福祉の公明党」「日本の柱 公明党」という2つの垂《た》れ幕が掲《かか》げられました。その原点を忘れてはならないと思っています。

水谷　一方で、公明党がせっかく素晴らしい制度をつくっても、それがなかなか国民に知られていない。周知・広報は課題ですね。正しく知ってもらえれば、もっと支持者が増えるはずです。子どもたちが進学を諦《あきら》めなくて済むよう、高校授業料の無償化などの制度は、学校を活用するなどしてもっと周知してもらいたいです。

伊藤　しっかりと取り組みます。

水谷　この4月1日から成人年

齢が18歳に引き下げられます。課題は、罪を犯した18歳・19歳の人に処罰と更生保護のどちらを優先させるかという点でした。これも公明党が頑張ってくれた。刑事司法上は18歳・19歳を「特定少年」と位置づけ、更生保護を優先してくれたのです。若い人の更生の可能性を重視した公明党らしい政策でした。

伊藤　ありがとうございます。私は弁護士時代から少年事件にかかわってきましたし、先般の少年法改正にも参院法務委員会の理事として携《たずさ》わりました。おっしゃるように、特定少年にも更生の機会が確保されなければなりません。さらに言えば、20歳を過ぎた若年層の成年に対しても、学び直し・生き直しの機会を提供できるような仕組みづくりが必要だと思っています。

水谷　伊藤さんにお礼を言いたいのは、児童養護施設の対象年齢についてです。原則では18歳までが対象ですが、公明党の働きかけによって22歳までの延長措置が可能になった。また、今後は22歳以降も就労のめどが立つまでは施設で暮らせるようになりました。

施設を運営している僕としては、ひとたびお子さんをお預かりしたら、その子が自立するまで面倒を見るべきだと思っています。子どもは親の子である前に、国の子であり、われわれ大人全員の子だからです。

伊藤　制度がしっかりと運用されるよう、引き続き尽力します。

ヤングケアラー対策を後押し

水谷　児童福祉については、今後は里親《さとおや》制度の普及が課題です。欧米に比べて日本は里親が少なすぎる。欧米では宗教コミュニティが軸になって里親が普及しています。親に恵まれなかったり、親を亡くしたりした子どもたちの究極の救済は、里親制度の普及なのです。

伊藤　私も弁護士時代から里親制度にかかわってきました。確かに、日本では里親になるための審査が厳格であるため、なかなか活用されていません。認知度も低い。公明党は不妊治療の保険適用を強力に推進してきましたが、〝子どもを持つ〟ことの可能性を広げるためにも、里親制度の周知や充実にはさらに力を入れようと思います。

水谷　2020年の出生数は約84万人でした。これに対して、母体保護法に基づいた妊娠中絶が約14万件。ただし実際には、その6倍の人々が中絶を受けているという試算もあります。出生前診断によって障害があるとわかった時点で中絶する人が少なくないのです。僕は、それは倫理的な問題があると思っている。だから、神戸市などで妊娠に関する相談窓口の設置に協力して、生まれてすぐの子どもと里親のマッチングをこれまでに500件近く成立させました。

伊藤　素晴らしい取り組みです。私は里親制度の他にも、特別養子縁組の里子の年齢制限の変更にも取り組みました。かつては6歳未満でしたが、今は15歳未満になっています。

水谷　ところで、伊藤さんには恐れ入ったよ。何がって、ヤングケアラー※対策。伊藤さんの後押しで大きく前進しました。僕

※ヤングケアラー……病気や障害などによりサポートを必要とする家族がいて、そのケア（介護）に当たっている10代・20代の子どもや若者。

は迂闊《うかつ》だった。子どもに寄り添うと言いながら、伊藤さんの予算委員会（21年3月）での質問を聞くまで、まったく気づかなかった。この問題はなんとかしなければならない。

伊藤　予算委員会での質問のあと、私の事務所にはヤングケアラーについて多くの問い合わせがありました。あらためて、この問題はどこか遠くの話なのではなく、身近なところに困っている人がいるのだと実感しました。

水谷　最初に異変に気がつくのはおそらく学校の教員です。ただし、今の学校は個人情報の観点から、子どもたちの家庭の情報を聞くことができない。また、すでに教員は多忙を極めている。文部科学省と協力して、学校をいかにうまく機能させられるかがポイントになるはずです。

伊藤　実態調査については、令和４年度の国の予算を確保することができました。この問題の解決には厚生労働省と文部科学省の連携が欠かせませんが、実態調査は学校を中心に行っていただきたいと私も思っています。また、対策はあくまで地方自治体が主導することになっているので、公明党としては地方議員と連携しながら、着実に進めていくつもりです。

困ったときの公明党

水谷　もう1つ、伊藤さんに取り組んでもらいたいのは８０５０問題（80代の親がひきこもりの50代の子を養っている状態）です。これもまずは実態を把握《はあく》することから始めなければならない。

伊藤　８０５０問題によって追い詰められて悲惨な事件も起きていますからね。

水谷　今後はもっと増えるでしょう。具体的には、実態調査の他に相談窓口の設置とＮＰＯ法人の支援をお願いしたい。

伊藤　ＮＰＯについては、公明党はこれまでもさまざまな活動を支援してきました。今後も８０５０問題の解決のために、しっかり取り組んでいきます。

水谷　少し前に私は妻から怒られたんです。乳がんになって一時的に頭髪を失った妻の友人がバンダナと帽子を着用して免許の更新に行くと、職員からルールどおりに無帽で写真を撮るように言われたそうなんです。「嫌ならかつらをかぶってきなさい」と。その話を聞いた妻はカンカンに怒っていた。「あなたも公明党の議員たちも、いったい何をやってるんだ」と。そこで私は公明党の議員に相談しました。するとすぐに動いてくれた。今では、がん治療などで脱毛した人はバンダナも帽子もかぶったままでよいことになっています。まさにこれが公明党の〝小さな声を聴く力〟ですよ。わが家では「困ったときの公明党」が合言葉なんです。

伊藤　今後も水谷先生が奥さまから怒られないように、頑張らないといけませんね（笑）。

水谷　実は、水谷家のルーツは兵庫県にあるんです。わが家の墓は今も宍粟《しそう》市にあって、親戚も多い。僕は、兵庫県にとっての喫緊《きっきん》の課題は教育の改革と妊娠女性の支援だと思っている。教育現場ではいじめ問題が根深く、女子中高生の妊娠中絶も非常に多いんです。子どもたちが笑顔で学べる教育体制をつくり、女性たちが安心して暮らせる社会をつくる。そのためには一人一人に寄り添ってくれる伊藤さんの存在が欠かせません。伊藤さん、国会でのさらなる活躍をお願いしますね。

伊藤　ありがとうございます。国民の期待に応える政策実現へ、全力で働きます。

大阪を前へ！
いま必要な実現力！

02
石川ひろたか

HIROTAKA ISHIKAWA

石川ひろたか

Profile

いしかわ・ひろたか（博崇）

参議院議員（2期）。元防衛・内閣府大臣政務官。公明党中央幹事、同市民活動委員長、同安全保障部会長、同大阪府本部代表。外務省出身。創価大学工学部卒。大阪府豊中市生まれ。48歳。

主な実績

〈中小企業支援〉

■「ものづくり補助金」を大幅に拡充
■「セーフティネット貸付」など資金繰り支援を推進
■ネットバンキングの不正送金による被害対策を強化

〈観光振興策〉

■外国人のビザ発給要件を緩和。訪日外国人客増加に貢献
■大阪国際空港（伊丹空港）の「大阪―沖縄間」「大阪―北海道間」の国内線を増便

大阪、そして日本のために全力で！

政治の安定がいかに大事か

2004年4月、外務省職員だった石川ひろたかは、前年まで大規模な戦闘が行われていたイラク・サマーワに赴任《ふにん》することになった。任務は学校・病院の修復や浄水場の整備といった人道復興支援。とは言え、赴任したその日から防弾チョッキを着る生活が始まった。

「復興支援では、現地の人々の信頼を勝ち得たうえで、部族ごとに異なるニーズを正確に把握《はあく》し、それらに的確な優先順位をつけていく必要があります。大変な仕事でしたが、きれいになった学校で目を輝かせて学ぶ子どもたちの姿を見ると、すべての苦労が報われた気がしました」（石川）

大学を卒業した1996年に外務省に入省。翌年からシリアで語学研修を3年間受けたのちに、アラビア語の専門官として在シリア日本国大使館に2年間勤める。その後、2年間のオマーン赴任を経て、イラク・サマーワへの異動となった。

05年に帰国したあとは、外務省・総合外交政策局の国連政策課で働く傍《かたわ》ら、アラビア語の通訳官として、天皇陛下や総理大臣、外務大臣が中東の要人と会談する際に同席した。

「当時は中東に骨を埋《うず》めるつもりで仕事をしていました」

そんな石川に転機が訪れたのは09年。公明党から、翌年の参議院議員選挙に挑戦しないか、と声がかかったのだ。

ちょうど民主党への政権交代が起きた衆議院総選挙の直後のこと。「中東に骨を埋めるつもり」だった石川にとって出馬の打診はまさに青天の霹靂《へきれき》だった。しかし同時に思うこともあった。

「民主党政権の誕生で、政治が大混乱していました。事業仕分けという、内実の伴わないパフォーマンスが行われ、公務員バッシングも盛んでした。その混乱は、外務省も例外ではありませんでした。外務省は、世界各国それぞれの専門家が、日本の国益を守るために、各国の実情に応じながら昼夜を分かたず仕事をしているところです。そこに、外交のことを何も知らない大臣や政務官が政治主導という美名のもとに、国益を損《そこ》なうような対応をして混乱が生じていました。

沖縄県の米軍普天間《ふてんま》基地の移設をめぐって日米関係に大きな亀裂が入り、日本を取り巻く安全保障環境が悪化したことはよく知られています。ロシアの大統領が北方領土の国後島《くなしりとう》を訪問したのも、韓国の大統領が島根県の竹島に上陸したのも、沖縄県の尖閣《せんかく》諸島での中国漁船衝突事件が起きたのも、すべて民主党政権下での出来事でした。尖閣を国有化すると発表して、日中関係がズタズタになったのも民主党政権下です。日米、日中、日韓、日露すべてで関係が悪化しているにもかかわらず、政治が混乱していて何もできない。政治の安定がいかに大事かということを痛感しました」

悩みに悩んだ末のことだったが、「政治の場に自分の使命があるならば」と心が決まった。こうして10年の参院選に地元の大阪選挙区で挑戦し、初当選を果たしたのだ。

感じ取る力が議員には必要

「2期12年の間、常に心掛けてきたことがあります。まずは現場に足を運んで多様な意見を聴くこと。そして、人々の本音やニーズを的確に受け止めることです」

10人いれば10通りの意見があ

る。最初にそのことを実感したのは大学生の頃だった。環境問題に関心があった石川は、大学在学中に他大学の環境サークルのメンバーらと協働して、全国規模の環境NGO(非政府組織)を創設した。

「NGOをつくるにあたって、皆が環境問題の解決という同じ目標を掲《かか》げているものの、一人一人の意見は決して同じではないんです。例えば、経済に軸足《じくあし》を置きながら環境を論じる人もいれば、環境のためなら経済のすべてを否定する人もいる。なかには、人間の暮らしよりも動物や自然環境を大切にするべきだという極端な意見を持った人もいました。

　さまざまな意見の人たちと1つのNGOを創設するのは本当に大変でしたが、今思えばその経験が中東での復興支援や議員活動に生きているような気がしています」

万博の成功に向け、会場予定地を視察する石川氏

　一方で「人々の本音やニーズを的確に受け止めること」については、それこそが〝政策実現力〟に直結すると石川は考える。いくら人々の声を聴こうとしたところで、すべての人が本音やニーズを適切に語れるわけではない。困りごとに直面していたり、苦しい思いをしていたりする場合は、自身の置かれている状況をうまく説明できないことも多い。

「中東の国々は、民族や宗教が実に多様なんです。そうしたなかで共存共栄を実現するためには、言葉の端々《はしばし》や話すときの雰囲気などから相手の民族や宗教を感じ取らなければなりません。この人はイスラム教なのか、キリスト教なのか。同じシリア人でもアレッポの出身なのか、ダマスカスの出身なのか。中東の人々は、そうしたことを感じ取る力を持っているんです。

　8年強、そんな人々と一緒に仕事や生活をした経験が、議員として皆さんの声を聴く際に生きている気がします。この人は何に困っているのか。あるいは、本音では何を求めているのか。そういったことを感じ取る力が議員には必要だと思うんです」

　現場に足を運び、多様な意見を聴く。そして、人々の本音やニーズを的確に受け止める。石川のその姿勢は、議員としてのさまざまな実績に結びつく。

　公明党のバリアフリー施策推進プロジェクトチームの座長としては、6席の車いす席を設置した新幹線の新型車両の導入や、JR京橋駅（大阪市）のバリアフリー化など、ユニバーサル（誰もが暮らしやすい）社会実現に向けた取り組みを強力に推進した。

また、18年に起きた大阪府北部地震を受けて、災害時の〝開かずの踏切〟を解消するために踏切道改良促進法の改正に尽力するなど、防災対策にも全力で取り組んできた。

G20サミットと大阪・関西万博の誘致

19年に大阪で開催された「20カ国・地域首脳会議（G20サミット）」――。同会議の大阪誘致も石川の実績の1つだ。

「日本が議長を務めることが決まったのが17年の夏。開催場所を決める段階に入った時点で、これは大阪しかないと思いました」

G20サミットの場合、まずは各国の政府専用機を受け入れる空港機能が必要になるが、大阪には24時間の発着が可能な関西空港がある。そのうえで、横浜では19年にアフリカ開発会議（TICAD）が、東京では20年にオリンピック・パラリンピックが開催される予定となっていた。石川はすぐに、地元の地

「大阪首脳宣言」を採択して閉幕したG20サミット　Ⓒ共同

方議員と連携して、大阪府・市の首長に立候補を促す。

「府と市は、当初こそ後ろ向きだったのですが、『公明党がそこまで言うなら』ということで17年の秋に立候補を決めてくださいました」

12月には、自民党も巻き込んで首相官邸に赴《おもむ》き、菅義偉《すがよしひで》官房長官（当時）に要請を行った。そうした取り組みが奏功し、18年2月に大阪でのG20サミットの開催が決まったのだ。

「25年に開催される万博の開催地が大阪・関西に決まったのは18年11月です。個人的には、G20サミットの開催地決定によって国際社会のなかで大阪の知名度が向上したことが、万博の開催地決定に寄与したものと思っています」

さらに、G20サミットを日本で開催できたことの意義について、石川は次のように語る。

「サミットを開催した当時は、米中による貿易摩擦が深刻化し始めた頃で、国際社会に対立と分断が広がっていました。そうしたなかで、安倍晋三《しんぞう》首相（当時）の両隣にトランプ米大統領（当時）と中国の習近平《しゅうきんぺい》国家主席が座って、さまざまな課題について協議することができたんです。つまり、国際社会における対話と協調の流れを日本から発信できたわけです。

ロシアのウクライナ侵攻や北朝鮮の核ミサイル開発など、国際情勢が不安定な今、日本が果たさなければならない役割は極めて大きくなっています。その意味でも、G20サミットの成功は、日本にとって実に大きな財産になったと確信しています」

まずは目の前のコロナ禍《か》を克服し、大阪・関西万博を大成功に導く――。大阪と日本の未来を見据え、今日も石川は現場に足を運んで人々の声を聴き、課題解決に向けて奔走《ほんそう》する。

対談
02

食と笑いでコロナ後の日本をリードする

千房《ちぼう》株式会社代表取締役会長

中井政嗣 Masatsugu Nakai

Profile

1945年、奈良県生まれ。中学校を卒業後、乾物屋に丁稚奉公に出る。73年、大阪・千日前にお好み焼専門店「千房」を開店。一代で大手チェーンに成長させ、現在は国内70店舗・海外5店舗を構える。2006年からはNPO法人関西演芸推進協議会の専務理事として演芸文化の振興に、13年からは元受刑者の再犯を防ぐための「職親プロジェクト」にも従事している。著書に『社員を幸せにしたい 社長の教科書』(日本実業出版社)『できるやんか!』『それでええやんか!』(潮出版社)など。

一人の人間として尊敬できる

石川ひろたか　中井会長、今日はどうぞよろしくお願い致します。

中井政嗣　こちらこそ、よろしくお願い致します。石川さんと初めてお会いしたのはもう12年も前になるんですね。

石川　そうなんです。初めて参議院議員選挙に挑戦したのは2010年のことでした。

中井　私ら商売人は不特定多数のお客さまを相手にしてるんで、政治と宗教には触れたらあかんというのが鉄則です。私も、お付き合いこそありますけど、政治家とは付かず離れずでこれまでやってきました。

　でもね、石川さんは別です。初めてお会いしたときに、その誠実さと清潔感に〝こんな人に政治を任せたい〟と直感で思ったんです。いろんな人を見てきたなかで、この人は一人の人間として尊敬できる、そう思って親しくさせてもらってるんです。

石川　ありがとうございます。

　私が初当選した翌年に起きたのが東日本大震災でした。公明党は国会議員に各被災地の担当を割り振り、私は宮城県石巻市《いしのまきし》の担当になりました。現地に足を運ぶたびに、「もっと被災地の方々のために何かできないか……」との思いを抱《いだ》いていました。それで中井会長にお会いした際に、「被災地のために力を貸してください」とお願いしたんです。会長は「よし、やろう!」

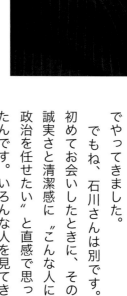

と二つ返事で、大阪の食で東北の人たちを応援する企画を考えてくださいました。

中井　発災の半年後に、大阪の飲食店経営者やアーティストらと、石巻の日和山《ひよりやま》公園に行ってイベントをやったんですよね。お好み焼きやたこ焼き、きつねうどんなどの露店に加えて、日本料理店の「神田川」さんにも出店してもらって。もちろん料理はすべて無料にしました。さだまさしさんらアーティストにも公演をしてもらってね。石川さんにはイベントを開催するための行政とのやり取りで動いてもらいました。

石川　ゴミの回収をどうするかなど、石巻の公明党の市議会議員と連携して、お手伝いをさせてもらいました。

　会長はさらに14年から、被災地の子どもたちのために漫才のボケとツッコミからコミュニケーション能力を学ぶ「笑学《しょうがく》ワークショップ」を始めてくださいました。

中井　当時は音楽の支援はあっても、笑いによる支援はなかったんです。私が専務理事を務めるNPO法人関西演芸推進協議会が、12年から「笑学」というものを始めていたんで、石川さんから依頼を受けて被災地でもやろうと決めたんです。

石川　東北の人々の気質なのか、皆さん辛《つら》いことや大変なことをぐっと我慢されるんです。この「笑学」は、漫才師と触れ合って笑うだけでなく、自分たちで漫才をしてみます。お互いに言いたいことを言う関西流のコミュニケーションを知ってもらう機会になりました。

中井　ボケもツッコミも、互いに相手の話を聞いてないと成立しませんからね。実際にやってみると、普段はおとなしい子どもたちほど盛り上がるんです。

石川　子どもたちにとっては、人生の財産になったと思います。

石川ひろたか

対談の様子は
こちらから

反省は一人でできても更生は周りの協力が必要

中井　人の縁って不思議なもんでね、石川さんをはじめ被災地支援に一緒に取り組んだ人々との絆《きずな》が、その後の「職親《しょくしん》プロジェクト」につながりました。

石川　「職親プロジェクト」とは、刑務所や少年院から出所・出院した人たちの再犯を防ぐために、参加企業が就労や住まい、教育などの面で応援する日本財団の取り組みです。会長はこの取り組みを13年の開始当初から一貫してリードしてくださっており、私も微力ながらお手伝いをさせてもらっています。

中井　法務省にも「協力雇用主」制度という同様の仕組みがあり、約2万社が登録されています。しかし、実際に雇用されている人の数は年間で1000人に満たない。なぜなら元受刑者はギャンブル・アルコール・薬物の依存症などの問題を抱えているケースもあり、指導にはノウハウが必要だからです。企業としては、一度でも問題を起こされたら二度と支援したくなくなる。同制度の場合は、企業名が一切公表されてないので、横のつながりもありません。

他方、われわれの「職親プロジェクト」は参加企業の取り組みをオープンにしてるので、仮に問題が起きても「そんなこともありますわ。一人や二人でビビったらあきません」と、横のつながりで励まし合えるんです。

石川　採用は会長が自《みずか》ら刑務所などに出向いて、面接を行っておられるんですよね。

中井　はい。法務省では、受刑者の更生保護は塀の中と外とで担当部署が異なります。つまり縦割りなんです。また、満期出所者の場合は職や居住地が決まってなくても、社会に放り出されてしまう。そうした背景もあって、再犯率は約7割です。

昨年もある刑務所に面接に行って、20代の男性を採用しました。彼は、恐喝《きょうかつ》や暴力などの罪を犯したうえに、すぐにキレてしまう。刑務所内でも何度も懲《ちょう》罰《ばつ》を受けてました。私は「うちはキレたら即、懲戒《ちょうかい》解雇や。誓約書にサインしたら採用する」と言って、出所の1カ月前に内定を出したんです。いざ働き始めると、キレる素振りなんてまったくありません。今は本店で真面目に働いてます。つい最近会ったら、「仕事はきついけど、面白いです」と言ってましたよ。

職親プロジェクトで関わった元受刑者からの手紙を読む2人

石川　まずは会長が信じてあげるからこそ、本人も本気で更生しようと思ったんでしょうね。社会にとっても価値的な取り組みだと思います。

聴くだけじゃなく実行してもらえる

石川　コロナ禍《か》では、外食産業が相当な打撃を受けてしまいました。状況はいかがですか。

中井　本当に大変でしたが、国のいろんな支援をいただいたので、ずいぶん助かりました。

私からは2つお願いがあります。第1に、飲食店への仕入業者や流通業者の方々への支援を拡充させてほしい。第2に、助成金だけでなく、貸付の制度をもっと充実させてほしい。特に、返済にあてるお金を損金として計上させてもらいたい。そうすれば、企業も積極的に返済してくれますよ。

石川　公明党はこれまでも支援策の実現だけでなく、拡充や修正、周知などにも努めてきました。引き続き、本当に困っている人々のために努力します。

中井　中小企業の立場から言えば、働き方改革はもっとわれわれの意見を聞き入れてもらいたい。今の制度は大企業には当てはまっても、中小企業には必ずしも当てはまらないはずです。頑張ろうとしている人が頑張れる制度にしてほしいです。

石川　働き方改革は、各業種の方々からさまざまな意見をいただいています。今後はよりキメの細かい制度にしていきたいと思っています。

中井　私らも加盟している大阪外食産業協会（ORA）は、年に一度、公明党の大阪府本部に要望させてもらってます。店がいくら頑張っても政治の力が必要なことがあるんです。困りごとや要望を聴いてもらえるだけでなく、実行してもらえるという意味で、公明党が窓口になってくれるのはありがたいです。

　ORAは25年の大阪・関西万博にパビリオンを出展することになっていますので、これまで以上に大阪の食文化を発信していくつもりです。

石川　いよいよ大阪・関西万博に向けた動きが本格化していますし、それはとても楽しみです。

夢とロマンの万博に向けて

中井　実は、某国際スポーツ大会に千房の冷凍お好み焼きを提供させてもらったんですが、これが各国の選手のお口に合ったそうなんです。石川さんはお好み焼きって和食やと思う？　それとも洋食？

石川　和食……ですかね。

中井　和食にソースとマヨネーズですか。

石川　そう言われると……。

中井　これは難しい問題なんです。お好み焼きの出汁《だし》は昆布と鰹節で、トッピングには青のりと鰹節を使う。その意味では和食。でも、メリケン粉やソース、マヨネーズ、洋がらしといった洋食の要素も入るし、夏にはスタミナ焼きで豚キムチが入る。いわば和洋中のミックスなんです。だから、各国の選手の口に合ったんだと思うんです。

石川　なるほど。確かにインバウンド（訪日客）が多かった時期に海外から来られた方々は、お好み焼きなどの大阪の味に満足していたようですね。

中井　道頓堀《どうとんぼり》で食文化が花開いたのは、中座《なかざ》・角座《かどざ》・浪花座《なにわざ》・朝日座・弁天座の「道頓堀五座」と呼ばれる芝居小屋がにぎわった時代なんです。お芝居を見てから外食をする。食と演芸は共存共栄の関係なんですね。

石川　まさに食と演芸の力で、万博を盛り上げないといけませんね。

中井　通天閣《つうてんかく》の近くで飲食店をやってる知人に聞いた話ですけど、ある時に入り口の扉がガラッと開いて、おっちゃんが「コロナおるか」と聞いてきたそうなんです。店主が「おらへんわ」と言うと、「ほな入るわ」って店に入ってきたと。大阪は本音と人情の街ですからね。それから、辛いことがあっても笑いで吹き飛ばす逞《たくま》しさがあります。

　関西では「炊き込みご飯」のことを「かやくご飯」と言います。大阪ってまさに「かやくご飯」みたいで、いろんなものがごちゃごちゃ入って1つなんです。まずは夢とロマンの大阪・関西万博ですよ。私も主催者側の一人として、石川さんとともに万博をつくり上げていきたいと思ってます。

石川　ありがとうございます。大阪・関西万博を大成功に導けるように、そしてコロナ後の時代を大阪が引っ張っていけるように、今後も全力で頑張ります。

千房本社にて

03
熊野せいし

新時代《ポストコロナ》へ。
生命《いのち》を守る。
未来《あす》を拓く。

SEISHI KUMANO

主な実績

〈がん対策の推進〉

■がん対策基本法の改正に尽力

■がん検診受診率の向上を推進

■先進医療の保険適用を実現

〈新型コロナ対策〉

■国産治療薬とワクチンの研究費投入を提言し、予算化を実現

熊野せいし

Profile

くまの・せいし（正士）

参議院議員（1期）。前農林水産大臣政務官。公明党農林水産部会長代理、同国際局次長、同地域医療関西会議議長。放射線科専門医。医学博士。愛媛大学大学院博士課程修了。兵庫県姫路市出身。56歳（2022年4月19日で57歳）。

未来を診る。
希望をひらく。

人々を幸せにする医者に

「せいしは、大きくなったら何になりたいの？」

母親からの質問に、小学1年生の息子はすかさず答えた。

「ぼくはお医者さんになる」

無邪気な息子の夢に、母親はいつもの優しい微笑《ほほえ》みを返した。

「特に深い理由があったわけではないのですが、なぜか漠然《ばくぜん》と医者になりたいと思っていたんです。実際にその頃、学校の作文にも〝将来は医者になりたい〟と書いた記憶があります」（熊野）

生まれ育ったのは兵庫県姫路《ひめじ》市。サラリーマンの父親と働き者の母親、それに6歳下の妹という、ごくごく一般的な4人家族だった。ありふれた平穏な暮らしだったが、熊野が小学4年生のときに状況が一変してしまう。母親が病に倒れ、36歳の若さで他界したのだ。

「本当に突然の出来事だったので、ショックは相当に大きかったです。すぐには現実として受け止めることができませんでした」

しかし、宿命の嵐がさらに容赦なく吹き荒れる。脱サラをして商売を始めていた父親が、知人の借金の連帯保証人になったこともあって、債務の返済に追われるようになったのだ。あまりにひどい状況に、兄妹《きょうだい》は広島県三原市に住む祖父母に引き取られた。

「広島に引っ越したのは私が中学1年生のときです。父の仕事の都合とはいえ、父一人を残して故郷の姫路を離れるのは、やっぱり寂しかったですね」

祖父母はすでに年金暮らし。負担をかけてはならないと、熊野は新聞配達を始める。初めこそ新しい土地での生活に戸惑ったが、地域の人々は兄妹を優しく受け入れてくれた。というのも、祖母は地域のつながりを大切にする人だった。よき市民として、地域社会や人々のために行動する。そんな祖母の影響で、次第に熊野も地域の人たちに溶け込むようになったのだ。

将来の夢はやがて具体的になり、高校生の頃には医学部への進学という目標になっていた。

「高校生のときに、祖母と親しくしていた近所の方から〝せいし君は何のために医学部に行くの？〟と尋ねられました。医学部に合格するという思いは日に日に強くなっていたものの〝何のために〟というのは考えたことがなかったんです。

そのことをありのままに答えると、その方から〝せいし君には人々を幸せにする医者になってほしい〟と言われました。当時のことは今もはっきりと覚えています」

人々を幸せにする医者に――。心が定まった熊野は猛勉強の末に愛媛大学医学部に合格。幼い頃に母親に語ったおぼろげな夢が、徐々に輪郭《りんかく》を帯びてきた。

画像診断は何にも勝る武器になる

大学時代は勉強とアルバイトに明け暮れる日々だった。奨学金は受けられたものの、仕送りはなく、医学部の教科書・参考書は決して安くはない。ゴミ収集やコンサート会場への機材搬入、焼き鳥店など、さまざまなアルバイトを経験した。

医学部卒業前には、将来の専攻を選択しなければならない。熊野が選んだのは、内科でも外科でもなく、放射線科だった。

「放射線科の教授がこんなふうに言っていたんです。これからは画像診断の時代になる。医師にとって画像診断は、何にも勝る武器になる――と。時は19

90年。CT（コンピューター断層撮影装置）やMRI（磁気共鳴画像装置）が普及し始めた時期です。最高の治療は最高の診断から始まる。ならばこの道で人々のために働こうと決めました」

放射線科の専門医として働いたのちに大学院に進学し、97年には医学博士号を取得。その後は大阪大学医学部附属病院や近畿大学医学部附属病院（現・近畿大学病院）に勤め、放射線診断のスペシャリストとして、がんや脳梗塞《のうこうそく》などの早期発見に尽力《じんりょく》してきた。

そんな熊野に人生最大の転機が訪れる。2015年に参議院議員選挙の候補者として、公明党から声がかかったのだ。ちょうど50歳を迎えた年だった。

「正直に言えば、葛藤《かっとう》はありました。50歳からの新たな挑戦は簡単なことではありませんからね。それが大衆のために身を粉にして働く公明党の国会議員ともなればなおさらです。しかも、公明党の議員は皆さん本当に優秀な人たちですから、果たして自分にその役目が果たせるのか、本当に悩みました」

それでも熊野は挑戦の道を選んだ。方法こそ違えど、医者も政治家も〝人々を幸せにする〟という目的は変わらない。四半世紀のキャリアのなかで、医療界のさまざまな課題も見てきた。ならば、自分のこれまでの経験を生かせるのではないか。そんな思いを抱いて、悩んだ末に16年7月の参議院議員選挙に比例区から挑戦し、見事に初当選。こうして放射線科専門医としては極めて少ない国会議員が誕生したのだ。

人々の声を聴き 迅速に手を打つ

放射線診断のプロとして、特に力を入れてきたのはがん対策だ。初当選からおよそ半年後の16年12月、国のがん対策の柱である「がん対策基本法」が改正された。同法に基づき翌17年に策定された政府の「がん対策推進基本計画」も含めて、新人議員ながら熊野の知見はさっそく生かされることになった。

「このときの改正では、調査研究のためのがん登録の推進や、がん患者の就労の課題解決、感染症由来のがん対策などが新たに盛り込まれました。二人に一人ががんになる時代ですので、国民の命を守るためにもがん対策は極めて重要な課題です。公明党の議員として、まずは1つ役目を果たすことができたと思っています」

先進的な重粒子線《じゅうりゅうし》治療やBNCT（ホウ素中性子捕捉療法）の一部がん種への保険適用なども、熊野をはじめとした公明党議員の強力な推進によって実現してきた。しかし、熊野はまだまだ満足していない。

「公明党はこれまで、がん検診の受診率を向上させる取り組みをリードしてきました。例えば、09年から始まった乳がん・子宮頸《けい》がんの検診無料クーポンと検診手帳の配布も公明党が実現しています。

ただし、日本の受診率は今なお諸外国と比べて低水準のままです。がんで命を落とさないためには、まずは早期発見・早期治療が大切です。今後もあらゆる手立てを講じていきたいと思います」

熊野には政治信条がある。当選してまもなく、公明党のある先輩議員からこんな話をされた。

「とにかく国民の声を聴くこと。そして、声を聴いたら可能な限り迅速《じんそく》にレスポンス（応答）することだ」と。以来、その言葉を信条として働いてきた。

あるとき、熊野は奈良県立医科大学の細井裕司学長を表敬訪問した。耳鼻咽喉科が専門の細井氏は、自身がメーカーとともに開発した「軟骨《なんこつ》伝導補聴器」について熊野に説明する。一般の補聴器は空気の振動によって聴力を補《おぎな》うが、この補聴器は軟骨に振動を与える。耳の穴が塞《ふさ》がっている「外耳道《がいじどう》閉鎖症」や耳が小さい「小耳症」の難聴者に有効な補装具だ。しかし、この補聴器を装着するには高額の費用がかかってしまう。細井氏からは、「ぜひ福祉の党である公明党の力で、必要とする人に届けてもらいたい」との話があった。

熊野はすぐに動く。メーカーと患者家族の会に赴《おもむ》いてヒアリングを行い、実情を把握《はあく》。何とか助成できないかと厚生労働省に働きかけた。また、国会の質疑でも同補聴器を取り上げ、政府の適切な対応を求めた。

京都府の福知山市民病院にて、阪上順一院長と意見交換（2022年2月11日）

そんな熊野の取り組みが実を結ぶ。厚労省の通知によって各自治体の判断で助成が行われることになったのだ。

「その後、奈良県の患者家族の会から連絡を受けました。内容は、奈良県でも軟骨伝導補聴器の助成を受けられないかとのこと。私はすぐに我が党の奈良県議会議員と連携し、同会から聞き取りを行いました。そして、県議の働きかけによって来年度から奈良県でも予算が確保されることになったのです」

思えば、いつも誰かの〝言葉〟が熊野の進むべき道を照らしてくれた。祖母と親しかった地域の人、放射線科の教授、そして公明党の先輩議員――。確固たる信念はある。しかし、いかなるときも他者の意見に耳を傾ける姿勢を忘れない。

「今後も人々の声をしっかりと聴き、課題解決のために迅速に動いてまいります」

対談 03

がん治療と女性活躍の未来を語る

東京女子医科大学放射線腫瘍学講座教授・基幹分野長

唐澤久美子 Kumiko Karasawa

Profile

東京女子医科大学医学部卒業後、同大助手、順天堂大学助教授などを経て、2011年に放射線医学総合研究所重粒子医科学センター病院治療課第三治療室長に就任。15年には東京女子医科大学放射線腫瘍学講座教授・講座主任（現・基幹分野長）に、18年には同大理事・医学部長に就任（21年3月末まで）。全国医学部長病院長会議・男女共同参画推進委員会では委員長を務める。

放射線療法の現状と課題

熊野せいし　唐澤先生は、最先端の放射線療法である「粒子線治療」の第一人者です。また、医療界における男女共同参画を強力にリードされています。今日は、がん治療と女性活躍についてお話ができればと思っています。

唐澤久美子　よろしくお願いします。

熊野　初めに、日本の放射線療法の現状と課題についてお聞かせください。

唐澤　外部照射による放射線療法には、主に2つの種類があります。①X線などを用いた従来の放射線治療②陽子線や重粒子線を用いた先進的な粒子線治療――です。

日本の場合、後者の粒子線治療のレベルは世界一です。例えば、重粒子線治療が行える施設は世界に13カ所あるのですが、そのうち7カ所が日本国内にあるんです。また、陽子線治療については、世界に約100カ所ある施設のうち18カ所が日本国内にあります。

ところが従来の放射線治療は、先進国のなかではかなり遅れています。世界では、がん治療における放射線治療の利用率が5割を超えているにもかかわらず、日本はわずか3割程度に留まっているのです。世界の標準治療である放射線治療が日本では適切に使われていない。これが最大の課題です。

熊野　どうして、そういった状況になっているのでしょうか。

唐澤　主に2つの理由が考えられます。1つは、人々のなかに放射線に対する忌避《きひ》感があること。もう1つは、日本では消化器系のがんが多いことです。

　放射線に対する強い忌避感の背景には、広島・長崎での原爆被害という不幸な歴史があります。さらに近年では、東京電力福島第一原子力発電所で事故が発生した際、放射線に対する誤った情報が広まってしまいました。

　日本に多い胃がんや大腸がん、肝臓がんなどの消化器系のがんは、X線が不得意とするがんの種類です。そのことが「がんは放射線治療ではなく、手術をしなければ治らない」というイメージに繋《つな》がったのです。最近ではがん情報のグローバル化によって、少しずつ状況は改善し始めているものの、まだまだ世界標準とは言えません。

熊野せいし

世界標準のがん治療を

熊野　では、どうすれば日本も世界標準のがん治療を提供できるようになると思われますか。
唐澤　大きく3つのことが言えます。第1に放射線科の専門医などの人材養成。第2にがん教育の充実。第3に粒子線治療の保険適用の拡大です。
　人材養成については単に専門医を増やすだけでなく、医学物理士の専従化が必要です。医学物理士とは、物理学の観点から放射線治療計画の最適化や検証などを行う専門家です。世界では、医師や診療放射線技師と同様に専従とされていますが、日本では技師が医学物理士の仕事を兼務する場合が多く、過重労働になっています。放射線療法の質を担保するためにも、医学物理士は専従にするべきです。
熊野　重要なご指摘です。人材の確保という意味では、国としてはこれまで医療の均霑化《きんてんか》（等しく恩恵を受けられるようにすること）の視点から対策を打ってきました。
唐澤　私は週に一度、東京から青森の病院に行って放射線治療の診察を行っていますが、地方は本当に大変ですよ。患者が治療を選べない状況もよくあります。
熊野　あと、かつては「放射線治療」と「放射線診断」に分かれていた専門医制度の領域が、今は「放射線科」に統一されており、専門医の数にシーリング（上限）も課せられているために、学生が放射線治療に進めない状況があります。個人的にはそれを懸念しています。
唐澤　同じ放射線でも治療と診断とではやることが違いますからね。領域は分けたほうがいいし、シーリングも早く変えてほしいと思います。

熊野　２つ目に挙げてくださったがん教育には、これまで公明党も力を入れてきました。

唐澤　日本のがん教育では、治療のことってほとんど触れられてませんよね。アメリカの小学生の教科書には、放射線治療のことがしっかりと書かれているんです。がん治療には手術療法と化学療法と放射線療法がある。そうしたことも体系的に教えていく必要があると思います。

熊野　おっしゃるように日本のがん教育では、治療の部分がまだまだ不十分かもしれません。それぞれの治療のメリットとデメリットなども子どもたちに伝えられるように、ここはもう一度見直していきたいと思います。

唐澤　正しい情報が伝わっていないがゆえに、高額な民間療法に流れてしまう患者さんが少なくありませんし、それによって命を落としてしまうケースだってありますからね。

熊野　大切な命を守るためにも、やはりがん教育は重要ですね。

ところで、３つ目の粒子線治療の保険適用の拡大については、来年度の診療報酬改定で肝内胆管がんや大型の肝細胞がん、局所進行の膵《すい》がんなど、新たに５つのがんが保険適用になる見込みです。

唐澤　膵がんが適用になるのは本当にありがたいですね。

熊野　保険適用の拡大についても、引き続き取り組んでいきたいと思います。

唐澤　放射線は、手術や抗がん剤よりも患者の負担が少ない治療です。手術も抗がん剤もできない高齢患者にとっては、放射線治療が〝最後の砦《とりで》〟とも言えます。今は高齢化の時代です。その意味でも、やはり世界標準のがん治療を目指す必要があると思います。

今も根強い性別役割分担意識

熊野　続いて女性活躍についてお話ししたいと思います。唐澤先生は今、「全国医学部長病院長会議」の男女共同参画推進委員会で委員長を務められています。先生は女性活躍の現状をどのようにご覧になっていますか。

唐澤　この数年間で、ようやく社会の意識が変わり始めたと感じています。最大の要因は、働き方改革でしょう。やはり女性が社会で活躍するためには、男女ともの働き方から見直さなければなりません。

熊野　おっしゃる通りですね。公明党は、男性も育児に参加できるように尽力してきました。

唐澤　ただし、変わり始めたと言っても日本社会には、「男は外で仕事をして、女は家を守る」といった〝性別役割分担意識〟がまだまだ根強く残っています。ですので、全国医学部長病院長会議では女性医師が働きやすい環境を整えるための支援に取り組んできました。

同会議で全国の医科大学と病院を対象に男女共同参画についての意識調査を行うと、２つのことがはっきりとしました。１つは、50代・60代と20代・30代では考え方がまったく違うこと。もう１つは、そもそも男性よりも女性の回答率の方が高かったことです。ある若手の男性外科医は自由記載の欄に「自分も育児をして子どもが育っていく様子を見たい。だけど、そんなことを言うと教授に叱られてしまう。何とかしてください」と書いていました。つまり、管理職の立場にいる50代・60代の方々の考え方が、色濃く反映されてしまっているんです。

熊野　世代さえ変われば、今の若い人たちの意識が社会の常識になっていくわけですが……。

唐澤　とは言え、20年も30年も待てませんよね。

女性活躍と働き方改革は不可分

熊野　先日、大阪医科大学の教授に話をうかがうと、優秀な女性が結婚や出産を機に家庭に入って、キャリアを離れるというケースは今もあるようです。

唐澤　かつてに比べれば減っているとは思いますよ。昔は「24時間働かない医者はダメな医者だ」「いついかなるときも緊急の電話に応答するのがいい医者だ」なんて考え方がありましたよね。今はそうじゃありませんから。医者も人間として生きてるわけだし、家庭もある。そのあたりの理解は進んできているように思います。

熊野　個々人の負担を減らしながらも、医療体制をしっかりと維持する。やはり女性活躍と働き方改革は不可分ですね。

唐澤　そうなんです。重要なのはタスクシフト（医師の仕事の一部を看護師など他の職種に任せること）です。現状では、医師が医師でなくてもできる仕事を担ってしまっているんです。ヨーロッパには、外科医であろうが何であろうが、定時に帰るのが当たり前の国がありますからね。その分、しっかりシフトが組まれているから、医療体制は維持できるんです。

あと、家事や育児を専門家に外注するのも女性が社会で活躍するための1つの方法だと思います。特に育児については、日本には今も「子どもは親が育てるもの」「親がダメなら祖父母に助けてもらうもの」といった考え方があります。これも変えていかないといけませんね。

熊野　ちなみに、放射線科は女性医師が多いイメージがあるのですが、実際にはいかがですか。

唐澤　実はそんなに多くはないんです。むしろ医師全体の男女比とほぼ同じで、女性の比率は20%強に留まっています。これも世代交代とともに増えていくとは思いますが、世界には例えばロシアのように現時点で約70%が女性医師の国もありますからね。日本も少なくともイーブンには持っていかないといけませんね。そのためにはやはり、女性が働きやすい社会基盤を整えていく必要があります。

熊野　そうですね。私は2016年に初選出していただいた参議院選挙で、女性活躍を公約の1つに掲げました。今後もしっかりと取り組んでまいります。

唐澤　熊野さんは国会議員には極めて少ない放射線科専門医です。放射線科って病院のなかでさまざまな科と連携するので、医療全体が見渡せるんです。そんな専門家が国政の場にいてくださるというのは、私たち医療者にとっては本当に心強い限りです。今後も頑張ってくださいね。

熊野　ありがとうございます。唐澤先生のご期待に応えられるように全力で頑張ります。

※本対談はオンラインで行った。

関西 おすすめ MAP

おすすめのランドマークを紹介！

インスタントラーメンの歴史がわかる

❶カップヌードルミュージアム大阪池田

所在地：池田市満寿美町8-25
TEL：072-752-3484
休館日：火曜日（祝日の場合は翌日）、年末年始
入館料：無料
アトラクション利用料：〈チキンラーメンファクトリー〉小学生500円・中学生以上800円／〈マイカップヌードルファクトリー〉1食400円

太陽の塔がシンボルマーク

❷万博記念公園

所在地：吹田市千里万博公園1-1
TEL：0120-1970-89
休園日：毎週水曜日（祝日の場合は翌日）
主な利用料金：〈日本庭園・自然文化園共通〉大人260円・小中学生80円／〈EXPO'70パビリオン〉高校生以上210円・中学生以下無料

こどもたちが多様な本に触れられる施設

❸こども本の森 中之島

所在地：大阪市北区中之島1-1-28
TEL：06-6204-0808
休館日：月曜日（祝日の場合は翌日）、蔵書整理期間、年末年始
入館料：無料
事前予約が必要

世界最大級の水族館
太平洋を取り囲む自然環境を再現

❹海遊館

所在地：大阪市港区海岸通1-1-10
TEL：06-6576-5501
入館料：大人（高校生・16歳以上）2,400円・子ども（小・中学生）1,200円・幼児（3歳以上）600円・シニア（65歳以上）2,200円

公式キャラクター「ビリケン」に会える展望塔

❺通天閣

所在地：大阪市浪速区恵美須東1-18-6
TEL：06-6641-9555
入場料：一般展望台大人（高校生以上）900円・子ども（中学生～5歳）400円／特別屋外展望台大人（高校生以上）+300円・子ども（中学生～5歳）+200円

日本一の高さを誇る超高層複合ビル

❻あべのハルカス

所在地：大阪市阿倍野区阿倍野筋1-1-43
■ハルカス300（展望台）
TEL：06-6621-0300
入場券（当日券）：大人（18歳以上）1,500円・中高生（12歳～17歳）1,200円・小学生（6歳～11歳）700円・幼児（4歳以上）500円
■あべのハルカス美術館
TEL：06-4399-9050
入館料：一般1,900円・大高生1,100円・中小生500円（4月3日までの「印象派・光の系譜」）／一般1,900円・大高生1,400円・中小生500円（4月16日～6月19日の「庵野秀明展」）

自然いっぱいの体験型農業公園

❼ハーベストの丘

所在地：堺市南区鉢ヶ峯寺2405-1　TEL：072-296-9911
入園料金：大人（中学生以上）1,000円・子ども（4歳以上）600円・幼児（3歳以下）無料・障がい者（中学生以上大人）500円・障がい者（4歳以上子ども）300円・介添え500円

兵庫県

美しい海岸地形と貴重な動植物が
みられる国立公園

❶山陰海岸ジオパーク

所在地：京都府（京丹後市）、兵庫県（豊岡市・香美町・新温泉町）、鳥取県（岩美町・鳥取市）
TEL：0796-26-3783（山陰海岸ジオパーク推進協議会事務局）

7つの外湯めぐりを楽しめる

❷城崎温泉

所在地：豊岡市城崎町
TEL：0796-32-3663（城崎温泉観光協会・観光について）／0796-32-4141（城崎温泉旅館協同組合・宿泊について）

日本初の世界文化遺産
「白鷺城」の愛称で
親しまれる

❸姫路城

所在地：姫路市本町68
TEL：079-285-1146
入城料金：大人（18歳以上）1,000円・子ども（小学生・中学生・高校生）300円

アスレチックやキャンプなどの
アクティビティーが満載な
「大自然の冒険テーマパーク」

❹ネスタリゾート神戸

所在地：三木市細川町垂穂894-60
TEL：0794-83-5000
チケット：〈1Dayパス〉大人（中学生以上）4,180円・子ども（4歳～小学生）3,080円
〈延羽の湯入館料〉大人1,500円・子ども800円

豊臣秀吉も愛した名湯

❺有馬温泉

所在地：神戸市北区有馬町
TEL：078-904-0708（有馬温泉観光案内所）

夢と感動のステージを

❻宝塚大劇場

所在地：宝塚市栄町1-1-57
TEL：0570-00-5100（宝塚歌劇インフォメーションセンター）
休館日：水曜日

明石海峡・大阪湾を
一望できる花の名所

❼あわじ花さじき

所在地：淡路市楠本2805-7
TEL：0799-74-6426
入園料：無料

中華食材、雑貨、料理など多彩な店舗が
軒を連ねるチャイナタウン

❽南京町

所在地：神戸市中央区栄町通1-3-18（南京町商店街振興組合）
TEL：078-332-2896

高校野球の聖地
阪神タイガースの本拠地

❾阪神甲子園球場

所在地：西宮市甲子園町1-82
TEL：0180-997-750
（試合の予定・状況・結果のお問い合わせ「阪神甲子園球場テレフォンサービス」）

関西 おすすめ MAP

京都府 KYOTO

自然がつくりだした
神秘の造形
❶天橋立
所在地：宮津市文珠天橋立公園
TEL：0772-22-8030（天橋立観光協会）

四季の移ろいを
楽しむ
❷嵐山
所在地：京都市右京区・西京区

徳川将軍家と共に歴史を刻んだ
❸元離宮二条城
所在地：京都市中京区二条通堀川西入二条城町541
TEL：075-841-0096
入城料（二の丸御殿観覧料含む）：
一般1,030円・中高生350円・小学生200円

約30万点のマンガ資料が保存される
❹京都国際マンガミュージアム
所在地：京都市中京区烏丸通御池上ル（元龍池小学校）
TEL：075-254-7414
休館日：毎週火・水曜（休祝日の場合は翌日）、年末年始、メンテナンス期間
入館料：大人900円・中高生400円・小学生200円

実物展示がたくさん！
❺京都鉄道博物館
所在地：京都市下京区観喜寺町
TEL：0570-080-462
休館日：水曜日・年末年始ほか
入館料：一般1,200円／大学生・高校生1,000円／中学生・小学生500円／幼児（3歳以上）200円

奈良県 NARA

スリル満天！ 鉄線の吊り橋で空中散歩
❺谷瀬の吊り橋
所在地：吉野郡十津川村　TEL：0746-63-0200（十津川村観光協会）

炎に包まれる
「山焼き」は壮観
❸若草山
所在地：奈良市雑司町469
TEL：0742-22-0375（奈良公園事務所）
料金：中学生以上150円／小学生80円

飛鳥時代のロマンを感じる
❹国営飛鳥歴史公園
所在地：高市郡明日香村大字平田538
TEL：0744-54-2441

滋賀県 SHIGA

メタセコイア並木の中の果樹園
❶マキノ農業公園 マキノピックランド
所在地：高島市マキノ町寺久保835-1
TEL：0740-27-1811
休園日：水曜日（祝日の場合は翌日）

大パノラマの絶景
❷びわ湖テラス
所在地：大津市木戸1547-1
TEL：077-592-1155
ロープウェイ往復料金：平日 大人3,000円・小学生1,500円・幼児（３歳〜）1,000円
土日祝、お盆期間 大人3,500円・小学生1,500円
幼児（３歳〜）1,000円

ゆるキャラ
「ひこにゃん」に会える
❸彦根城
所在地：彦根市金亀町1-1
TEL：0749-22-2742
入場券：一般800円／小・中学生200円

琵琶湖の生き物と
環境がわかる
❹琵琶湖博物館
所在地：草津市下物町1091
TEL：077-568-4811
休館日：毎週月曜日
（休日の場合は開館）、
臨時休館あり
観覧料：一般800円／
高校生・大学生450円／
小学生・中学生無料

陶磁器「信楽焼」のまち
❺信楽
所在地：甲賀市信楽町
TEL：0748-82-2345（信楽町観光協会）

荒々しい岩肌の柱状節理が
1キロメートル続く

❶東尋坊

所在地:坂井市三国町安島(東尋坊)

■東尋坊タワー

TEL:0776-81-3700

入場料金:大人(中学生以上)500円・小人300円

■東尋坊観光遊覧船

所在地:坂井市三国町安島64-1

TEL:0776-81-3808

料金:大人(中学生以上)1,500円・子ども(小学生)750円

プールからキャンプ場、
遊園地まであるテーマパーク

❷芝政ワールド

所在地:坂井市三国町浜地45-1　TEL:0776-81-2110

料金:〈スーパーパスポート〉大人(中学生以上)3,800円／子ども(3歳から小学生まで)・シニア(65歳以上)2,700円

関西の奥座敷

❸あわら温泉

所在地:あわら市

TEL:0776-78-6767(あわら市観光協会)

見て、触れて、体験できる博物館

❹めがねミュージアム

所在地:鯖江市新横江2-3-4 めがね会館

TEL:0778-42-8311

定休日:毎週水曜日(祝日の場合およびお盆期間は営業)・年末年始

国内最大級の地質・古生物学博物館

❺恐竜博物館

所在地:勝山市村岡町寺尾51-11 かつやま恐竜の森内

TEL:0779-88-0001

休館日:第2・第4水曜日(祝日の時はその翌日・夏休み期間は無休)、年末年始

観覧料:一般730円／高・大学生420円／小・中学生260円

奈良時代の遺跡を復元

❶平城宮跡歴史公園

所在地:奈良市二条大路南3-5-1

TEL:0742-36-8780(平城宮跡管理センター)

仏教と関わりの深い
文化財が保存される

❷奈良国立博物館

所在地:奈良市登大路町50

TEL:050-5542-8600

休館日:毎週月曜日(休日の場合はその翌日)

観覧料金:〈名品展・特別陳列・特集展示〉
一般700円・大学生350円・
高校生以下および18歳未満は無料

和歌山の
特産品が集まる

❶黒潮市場

所在地:和歌山市毛見1527

TEL:073-448-0008

入場料・施設利用料:無料

岬全体が白い石灰岩で
できている風光明媚な海岸

❷白崎海洋公園

所在地:日高郡由良町大引960-1

TEL:0738(65)0125

白い砂、エメラルドグリーンの海、
ヤシの木でリゾート気分

❸白良浜

所在地:西牟婁郡白浜町

TEL:0739-43-6588(白浜町観光課)

動物園・水族館・遊園地が
一体になったテーマパーク

❹アドベンチャーワールド

所在地:西牟婁郡白浜町堅田2399

TEL:0570-06-4481

休園日:水曜日、臨時休園あり

入園料:18歳以上4,800円・65歳以上4,300円
12歳〜17歳3,800円・4歳〜11歳2,800円

海に橋の杭だけが
立っているように見える奇岩

❺橋杭岩

所在地:東牟婁郡串本町鬮野川1549-8

TEL:0735-62-5755(道の駅 くしもと橋杭岩)

INTERVIEW

関西公明党の大勝利のために

作家

佐藤 優 Masaru Sato

Profile

1960年、東京都生まれ。同志社大学大学院神学研究科修了後、専門職員として外務省に入省。在ロシア大使館に勤務し、主任分析官として活躍。2002年、背任と偽計業務妨害容疑で逮捕・起訴され、09年6月に執行猶予付有罪確定。13年6月、執行猶予を満了し、刑の言い渡しが効力を失う。著書に『国家の罠』（毎日出版文化賞特別賞）、『自壊する帝国』（大宅壮一ノンフィクション賞、新潮ドキュメント賞）など多数。月刊誌『第三文明』で「希望の源泉 池田思想を読み解く」を好評連載中。

関西の政局を読み解きつつ、その中で公明党が果たす役割、そして大勝利への方途について、作家の佐藤優氏に聞いた。

国民が求める政治とは

近年の国政選挙の争点はすべて同じと言っていいでしょう。野党に政権交代を許して社会に混乱を招くか、あるいは自民党・公明党の連立与党による安定を維持するか——その選択です。

政権選択選挙は、一般的には衆議院選挙だとされていますが、必ずしもそうではありません。過去を振り返ってみても、与党が参議院選挙に敗れると、その後政権交代が起きています。つまり、参院選は政権交代につながり得る重要な戦いなのです。

参院選で公明党が気をつけるべき点は2点です。先の衆院選では与党が勝利を収めました。このことで、自民党に〝緩《ゆる》み〟が出てきている点が1つ。また、同じ衆院選で立憲民主党・日本共産党の共闘がクローズアップされましたが、結果的には失敗に終わり、以後、共闘の動きが鈍《にぶ》くなっていることが1つです。

自民党の緩みは、即与党への批判票につながり、公明党はその煽《あお》りを食ってしまいます。また、立憲・共産の共闘は、一見票が増えるようにも見えますが、共産が加わることで離れてしまう票も多いのです。それが、共産と共闘しないとなれば、そうした票がまた立憲に戻る可能性が高くなり、油断できない状況になります。

そのうえで、関西には特殊な事情があります。それは、日本維新《いしん》の会の存在です。とりわけ大阪では、自民党に代わる与党の機能を維新が果たしています。したがって、中央の政局をそのまま関西に当てはめることはできません。先の衆院選で、維新

民衆のニーズに応える公明党

は大阪を中心とした関西の有権者から一定の支持を得ました。まずはその現実を踏まえたうえで、政治・政局のあり方を考えないといけません。

あえて単純化して言うならば、国民は保守を望んでいるけれど、腐敗は望んでいない——。これが衆院選での維新の飛躍から得られた教訓です。特に大阪を中心とした関西の人々は、経済に関する感覚が非常に鋭敏です。共産党の影響が及ぶ野党が政権を担《にな》えば経済が回らなくなることが肌感覚でわかる。かといって、腐敗をなかなか是正できない自民党も経済に悪影響を与える。与野党のどちらにも投じられない票が、関西では維新に集まったわけです。

しかし、保守かつ腐敗のない政治を体現し得るのは、むしろ公明党だと私は思っています。参院選で公明党が勝つためには、リベラル層にもウイングを広げつつ、草の根の保守層により深く食い込んでいく必要があります。

一方、外交政策に関しては、関西の人々が右派的な主張を支持しているとは思えません。関西には中国や韓国とビジネスでつながっている企業がたくさんあるからです。政治的な強硬姿勢によってビジネスが止まってしまうことを誰も望んでいないのです。公明党はどこまでも中道主義の外交を貫いていくべきです。外交問題における表面上の勇ましい言葉に目を奪われないことです。

公明党の支持母体の創価学会の皆さんが信奉する日蓮仏法では、どんな人にも仏性《ぶっしょう》が具《そな》わっていると考えます。であるならば、習近平《しゅうきんぺい》国家主席をはじめとした中国政府の首脳らにも仏性はある。人間的な働きかけによって、彼らの心が変わる可能性をはじめから閉ざしてしまってはいけません。

今、自民党の一部や共産党は、大上段に構えて中国政府への制裁を主張し、右からも左からもナショナリズムが煽られています。そこからは一歩も二歩も引いて、「真の愛国心」を示すのが公明党の役割です。太平洋戦争中に勇ましいことを言っていた政治家や宗教家と、軍部政府に反対して獄《ごく》に繋《つな》がれた創価学会の牧口常三郎初代会長と戸田城聖《じょうせい》第二代会長のどちらが真の愛国者であったかというのは明白です。

「大衆とともに」の大原則

政治には、妥協が必要になる局面が出てきます。そのときに重要になるのは党としての原則です。公明党にとって、死活的に重要なことは何であるか。これを明確にしておく必要があります。

ロシア革命を行ったレーニンは、原則がある者だけが妥協できる——といった主旨のことを言っています。一切の妥協を許さない姿勢というのは、一見すると筋が通っているように見えますが、実はそれは原則がないだけなのです。他方、原則までも譲ってしまっては大きな政治はできません。

また、原則といっても、どの場面でも当てはまるものもあれば、その地域特有の事情によって変化するものもあります。公明党にとっては、例えば核兵器の保持や、徴兵制、靖國《やすくに》神社の国有化などは言うまでもなく反対する大原則でしょう。

では、関西特有の事情とは何か。それは先ほども述べたように維新の存在です。今大阪府においては、公明党は維新と協力関係をとることもあります。また、与党的立ち位置になることもあります。これについてさまざまな意見がありますが、多くの民衆が維新を支持する限り、公明党がそのことを尊重しつつ政治を行うことは当然とも言えます。それが民衆のニーズに応えることになると思うのです。そしてこの「大衆とともに」という姿勢が、公明党の大原則になるのだと思います。

宗教が世界宗教になるための条件の一つが「与党化」です。キリスト教も最初は野党的な宗教でしたが、西暦313年のミラノ勅令《ちょくれい》以降は与党化しています。今の政局も、単に目の前で繰り広げられている事象だけで判断するのではなく、公明党の支持母体である創価学会が世界宗教化していくという、大きな、そして歴史的な流れを踏まえて捉《とら》える必要があるのです。

今後も維新とは一定の連携をしていくはずですが、重要なのは維新に振り回されないことでしょう。公明党が見なければいけないのは、維新という政党ではなく維新を支持している民衆です。その民衆のニーズに応えるために、是々非々《ぜぜひひ》の態度で臨《のぞ》むことが重要です。

ブレの激しい立憲民主党

冒頭でも触れたように、立憲民主党は、泉健太代表になって、共産党との距離を取り始めました。また、連合（日本労働組合総連合会）も芳野友子会長体制となり、反共姿勢を明確にしていますので、「共産との共闘だけは嫌だ」と考えていた中小企業の経営者らが立憲に流れるかもしれません。そうすると、立憲は以前よりも手強《てごわ》くなります。共産以外の野党で結束した場合はなおさらです。自民にも維新にも不満があり、公平配分を求めて、平和主義を志向する。公明支持者になり得るそうした価値観の有権者らが、立憲に流れる可能性が十分にあり得ます。

今後の動きを注視した上で判断しなければなりませんが、昨年に引き続き立憲と共産が共闘するのであれば、衆院選のときと同じように、立憲は共産党の事実上のフロント組織に成り下がっていることを訴えればよいのです。ハンガリーのラーコシ・マーチャーシュという共産党の指導者は、共産党が採用する「統一戦線」という戦術のことを「サラミ戦術」と表現しました。サラミをつくる際、まずは肉と油を腸詰めにして太く緩いソーセージをつくります。そして、それを少しずつ絞って固いサラミにしていく。同じように、まずは立憲という緩いソーセージをつくり、政権交代のあとにはギリギリと絞り込んでいって固い共産党にする。これが共産のやり方なのです。

立憲には思想がありません。個々の議員が自分たちの生き残りしか考えていないような政党ですから、共産党の統一戦線戦術に、たやすくやられてしまうでしょう。当選のためなら共産とも手を握るし、それで負けたら反共的な姿勢に豹変《ひょうへん》する。原則など存在しないブレの激しい政党に、安定した経済政策ができるはずがありません。

関西では、経済に強い公明党を前面に出していくべきです。経済に強いと言っても、それは

宗教団体の政治活動は問題なし

新自由主義的なトリクルダウン（富裕層がより富裕になることで、貧困層にも富が回るという理論）ではなく、ボトムアップの経済です。額に汗を流して働く人々を本当に大切にしているのは公明党だという意識は、すでに多くの有権者にも相当に浸《しん》透《とう》しているはずです。

個人的には、公明党にはより一層の福祉の充実にも期待したい。子どもについては親の経済状況に関係なく自分の可能性を伸ばせる社会を、高齢者については預金が少なくても安心して暮らしていける社会をつくることが大切です。すでに公明党の主張によって教育費の無償化や一部地域での給食費の無償化が実現していますが、私は高齢者の医療費負担も今後は下げていくべきだと考えています。後期高齢者になるまでの3割負担というのは、やはりかなり厳しい面がある。公明党には財源問題からも逃げずに頑張ってもらいたいと思います。

私はかねて行きすぎた政教分離は是正するべきだと主張してきました。なぜなら、日本国憲法における政教分離は国家が特定の宗教を忌避《きひ》したり、優遇したりすることを禁じているだけで、宗教団体が政治活動をすることは禁じていないからです。私は、選挙の際に『聖教新聞』が公明党のことを報じるようになったのはよいことだと思っています。共産党がそのことを取り上げて攻撃してくるのは、彼らにとってはそれをやられるのが一番怖いからです。今夏の参院選においてもひるむことなく、行きすぎた政教分離の是正を進めていくべきです。

公明党が平和の舵取りを

岸田政権は参院選まではあくまで慎重な姿勢を取り、大胆な政策は出してこないはずです。参院選にさえ勝てば、その後は国政選挙のない〝黄金の3年間〟が待っているからです。

政権が安全運転をしている時期は、公明党の強みである中道主義は目立たなくなりがちなのですが、それでもこの中道主義を貫き通すことが重要です。

ひとたび日本の外に目を向ければ、ウクライナ侵攻問題やウイグル問題など国際情勢は大変緊迫《きんぱく》しており、日本の外交がおかしな方向に行かないようにするため、公明党の舵《かじ》取りが大事になってくるのです。

ナショナリズムの特徴の1つは、声が大きな人に引っ張られてしまうことです。人気を得るために勇ましいことを主張する政治家が増えるなか、平和の価値観を体現する公明党が与党にいる意義は非常に大きい。公明党の価値観は、党創立者である池田大作先生の主著『人間革命』と『新・人間革命』の冒頭にある一節※に表れています。戦争阻《そ》止《し》や平和維持、核兵器廃絶というのは、公明党が絶対に妥協してはならない原則の1つです。

ウクライナ侵攻も決して対岸の火事ではありません。西側諸国がロシアに制裁を加えれば、エネルギー価格は高騰《こうとう》します。エネルギー価格の高騰は、食料品の価格を押し上げます。しかもすぐに景気がよくなるとは

※「戦争ほど、残酷なものはない。戦争ほど、悲惨なものはない」（『人間革命』）
「平和ほど、尊きものはない。平和ほど幸福なものはない。平和こそ、人類の進むべき、根本の第一歩であらねばならない」（『新・人間革命』）

考えられません。そうなると、1970年代のスタグフレーション（賃金が上がらず、物価が上昇する）のような状況に陥《おちい》る可能性だってあります。圧倒的に民衆への打撃が大きいのです。国際情勢の混乱は、日本の民衆の生活に直結します。

だからこそ、日本の外交政策にもっと公明党が影響を及ぼし、平和を構築していく必要があります。参議院は解散がないので、落ち着いて1つの政策を追求できる院です。ゆえに、参議院公明党の力をより強めていかなければなりません。

関西公明党の原点から60年

奇《く》しくも今年は「大阪事件」の無罪判決から60年という節目の年です。無所属として政界に候補者を送り出した創価学会に対して、国家権力が弾圧を加えたのが大阪事件です。しかし、そんな状況下においても選挙では圧勝し、裁判では無罪を勝ち取った。それが関西の公明党の原点です。あれから60年の歳月が流れた今もなお、公明党が党勢を拡大することを好ましく思わない勢力がある構造は変わっていません。だからこそ、公明党のまさに牙城《がじょう》ともいうべきである関西は、1つも取りこぼすことなく、大勝利が宿命づけられていると思います。

今般の参院選では、関西の公明党から、兵庫選挙区で伊藤たかえさん、大阪選挙区で石川ひろたかさん、比例区で熊野せいしさんが公明党から公認されました。この3人に共通するのは、いずれも高度専門職の経験がある点です。

石川さんは外務省のアラビスト外交官、伊藤さんは弁護士、熊野さんは放射線科の医師です。外交・法曹・医療はいずれも国民の生活に直結します。弁護士の伊藤さんには、権力の誤使用を防ぎ、民衆の権利を守ってもらいたいですし、外交官だった石川さんには、戦争阻止と平和維持のために頑張ってもらわなければなりません。そして、医師の熊野さんには、国民の生命と健康を守ることを期待します。コロナ禍という危機に直面する今、3人ともに民衆のニーズに適《かな》った議員だと思います。

しかも、3人は皆、自分から政治家になりたくてなったわけではありません。いずれも公明党から声がかかり、自分たちの専門性を生かして民衆に人生を捧《ささ》げようと決意して政治家になった人たちです。だからこそ、この3人にはなんとしても大勝利を収めてもらいたい。私も全力で応援します。

ブックレット
関西《かんさい》の未来《みらい》をひらく
～Move forward!《ムーブ フォワード》

2022年 4 月 8 日　初版第1刷発行
2022年 4 月25日　初版第3刷発行

編者　第三文明編集部
発行者　大島光明
発行所　株式会社　第三文明社
東京都新宿区新宿1-23-5 〒160-0022
電話番号　03（5269）7144（営業代表）
03（5269）7145（注文専用）
03（5269）7154（編集代表）
振替口座　振替口座　00150-3-117823
URL　https://www.daisanbunmei.co.jp/
印刷・製本　凸版印刷株式会社

ISBN 978-4-476-03405-9
落丁・乱丁本はお取り換えいたします。ご面倒ですが、小社営業部宛お送りください。
送料は当方で負担いたします。